AF263934

DISCOURS

BANQUET ROYALISTE

DE REIMS

Le Jeudi 5 Octobre 1882

REIMS

IMPRIMERIE COOPÉRATIVE, RUE PLUCHE, 24

(Par délég. : N. MONCE)

1882

5 OCTOBRE 1882

DISCOURS

PRONONCÉS AU

BANQUET ROYALISTE

DE REIMS

Le Jeudi 5 Octobre 1882

REIMS

IMPRIMERIE COOPÉRATIVE, RUE PLUCHE, 24

(Par délég. : N. Monce)

—

1882

DISCOURS

PRONONCÉ

PAR M. HENRI PARIS

PRÉSIDENT

MESSIEURS,

A LA SANTÉ DU ROI !

Vive le Roi !

Jusqu'alors, dans les réunions annuelles où nous célébrions l'anniversaire de la naissance du Fils ainé de la Maison de France, je cherchais à retenir les élans de votre patriotisme et l'exaltation de votre foi dans le retour des destinées providentielles de notre patrie. Je ne donnais à Monseigneur que le nom qu'il portait depuis cinquante années sur la terre de l'exil, le seul qu'il jugeât compatible avec le respect et le grand amour

qu'il professe pour son pays. Aujour-
d'hui que, suivant ses dernières paroles
aux Vendéens, *les évènements marchent
vite et que nous approchons de l'heure
du salut*, la même réserve ne m'est pas
imposée ; rien ne saurait plus arrêter
l'expression chaleureuse de nos aspirations communes, et je devance votre enthousiasme en criant le premier : *Vive le
Roi !* (Cris répétés de Vive le Roi.)

Vous ne vous méprenez pas, Messieurs,
sur le sens de mes paroles. Soumis aux
lois de mon pays, à celles même qui ont
été faites contre nous et qui blessent le
plus nos convictions, nous n'en avons
pas moins le droit d'exprimer le désir
qu'elles soient bientôt remplacées par
d'autres lois plus en rapport avec le génie, les traditions, les intérêts, l'honneur de la France. Aussi n'est-ce pas un
cri de révolte ou d'insurrection, mais
d'espoir, de délivrance et de salut : *Vive
le Roi !* (Applaudissements.)

Jamais ce cri n'a été plus opportun et
plus nécessaire, car jamais, peut-être, la

patrie ne s'est trouvée dans une situation
plus critique. Tout, en ce moment, me-
nace, et on entend comme les bruits pré-
curseurs de l'effondrement des fortes as-
sises sur lesquelles reposait la société
française. Le gouvernement qui s'est
imposé à la faveur de nos désastres, en
profitant de la crainte de voir les horreurs de la guerre civile s'ajouter aux
calamités de la guerre étrangère, n'a rien
sauvegardé et a tout compromis. Les divisions des partis monarchiques, leur dé-
sarmement à la suite des catastrophes
dont le souvenir est ineffaçable, rendaient
cependant la partie belle à la République.
Relever peu à peu la France abattue et
démembrée, panser ses blessures dans
le recueillement et la dignité du silence,
reconstituer une armée forte, en favori-
sant, autant que possible, la spontanéité
du génie militaire de la France, sans
vouloir violenter les vocations et imposer
une obligation absolue, radicale, difficile
à concilier avec les conditions maîtresses
de la discipline et de l'esprit de sacrifice
des bataillons invincibles, fiers et amou-
reux de leur état, rétablir l'ordre dans les

esprits par le respect des croyances et la protection des principes essentiels à toute société chrétienne et civilisée, ménager les opinions dissidentes, alarmées par le souvenir des crimes et des fautes des deux premières Républiques, chercher à les rallier en les rassurant, fondre dans un grand parti français tous les dévouements, toutes les capacités, les conviant tous, sans acception de parti, aux grand, laborieux, glorieux travail du relèvement de la patrie, rendre surtout aux libertés publiques leur essor et en favoriser le développement progressif et fécond ! Quelle tâche plus capable de saisir les esprits généreux et de tenter l'ambition des vrais patriotes ? Est-ce là ce qu'ont fait ceux qui avaient abusé de la faiblesse et des malheurs de la France pour s'emparer d'elle? Qu'ont-ils fait de leur victime ? l'abaissement des caractères, la vulgarité des appétits, la complaisance des consciences, la médiocrité, la fausse science, pire cent fois que l'ignorance, voilà le spectacle que nous ont offert nos prétendus sauveurs ; et comme conséquence de leur désastreux passage aux affaires, le désordre dans les esprits comme dans les lois, l'excitation des citoyens les uns contre les autres, l'antagonisme du capital et du travail, la haine de celui qui voudrait posséder sans se donner de peine contre celui qui a gagné, souvent à la sueur de son front, l'aisance pour sa vieillesse et pour ses enfants ; le gaspillage des finances, l'abaissement de la magistrature, l'éparpillement des forces vitales du pays, l'humiliation au dehors, la confiscation de toutes les libertés, même des libertés naturelles, comme celles du père de famille vis-à-vis de ses enfants. Le nom de Dieu blasphémé, la liberté violée, l'honneur sacrifié. Tel est le bilan de ces dix dernières années. Aussi n'est-il que temps d'aviser si nous ne voulons périr, et jamais il n'a été plus à propos de crier : *Vive le Roi !* (Bravos répétés.)

Malgré ces hontes, ces désordres, ces défaillances, ne désespérons pas, Messieurs, du salut de la patrie. Ce n'est pas la première fois que, dans sa longue et glorieuse carrière, la France traverse des

temps de crises qui sont pour les nations
comme les maladies pour les individus,
et qui les mettent à deux doigts de leur
perte. Que ces crises soient venues de
l'ambition du dehors, ou des passions
révolutionnaires du dedans, elles ont
toujours été dominées par la force de sa
constitution et le retour au droit national.
L'excès même des maux a fini par en-
fanter le salut, le cri de *Vive le Roi*
retentit à la fin de tous nos malheurs.

Sans remonter aux temps les plus re-
culés de notre histoire, là où les exemples
se rencontrent à chaque pas, rappellons-
nous l'état de la France après les funestes batailles de Crécy et de Poitiers.
Le roi Jean, frappé de deux blessures
au visage, ramassé sur le champ de bataille, était prisonnier des Anglais. Le
prince de Galles était maitre de la Guyen-
ne et de la Normandie. Charles le mau-
vais, gendre du Roi, avait pris les armes
contre son beau-père. Les paysans, ré-
voltés contre leurs seigneurs, prome-
naient les horreurs de la jacquerie dans
les provinces. Etienne Marcel, rebelle

contre le Dauphin, commettait les derniers excès dans la capitale qu'il allait livrer aux Anglais, lorsqu'il fut assommé à l'une des portes de la ville par Jean Maillard, dont on oublie le nom quand on exalte de nos jours celui de traître. Plus d'armée, plus d'administration, plus de finances. Le Dauphin régent du royaume depuis Charles V, était un prince frêle, maladif, ne montant pas à cheval, relégué dans un petit hôtel du Marais, au milieu des livres et des savants. Mais il avait en lui le prestige de la puissance du principe héréditaire, et Duguesclin, ralliant toutes les forces nationales, répare à Cocherel les désastres de Crécy et de Poitiers au cri de : Vive le Roi !

Quatre fois notre histoire nous offre l'exemple de la captivité des souverains régnant sur la France. Napoléon Ier, vaincu à Waterloo, se remet aux mains de l'Angleterre ; Napoléon III, après Sedan, rend son épée au roi de Prusse. Avec leur défaite et leur captivité c'en est fait de leur empire. Après Crécy et Pavie, où Jean et François Ier sont saisis, vaincus et blessés sur le champ de bataille, la France, ralliant tous ses enfants divisés et éperdus, n'en crie que plus haut : *Vive le Roi!* (Applaudissements.)

Le règne réparateur de Charles V allait être bientôt suivi de nouveaux désastres. L'Anglais, profitant des dissensions civiles favorisées par la démence de Charles VI, cherche à rapprocher les deux rives du détroit et à faire de la France une nouvelle Irlande. Les champs funèbres d'Azincourt étaient jonchés des derniers défenseurs de la patrie, six Princes du sang y avaient mordu la poussière. Le traité de Troyes plaçait la couronne de France sur la tête du roi d'Angleterre. Une *bergerette*, comme elle s'appelle elle-même, part des confins de la Champagne et de la Lorraine, et se met en marche à pied, traversant la France de l'Est à l'Ouest, pour aller trouver le Roi à Chinon, *dit-elle*, comme elle le disait, *user ses pieds jusqu'aux genoux*. Sa mission est de faire lever le siège d'Orléans et de faire sacrer le Roi à Reims. Bientôt, sur le parvi de notre magnifique Cathédrale, elle déployait l'étendard de l'indépendance de la patrie sauvée au cri de : *Vive le Roi !* (Cris répétés de Vive le Roi.)

Après le règne des derniers Valois, l'Espagnol essaie à son tour, du fond de l'Escurial, de mettre la main sur le royaume des lys qu'il prétend être un apanage de l'infante. A Paris, l'image de Jacques Clément, l'assassin de Henri III, est placée sur les autels. Les esprits étaient affolés par un faux enthousiasme de religion, comme plus tard ils le seront par un faux enthousiasme de liberté. La ligue, ivre de joie, appelle un second coup de poignard pour la délivrer du Béarnais. Encore un peu s'en était fait de la France. Vous savez que d'efforts, de bravoure, d'habileté il fallut à Henri IV pour sauver l'indépendance de la patrie et conquérir son royaume. Ne vous figurez pas que les temps fussent plus faciles qu'en ce moment, et les esprits moins égarés. *Je suis un Roi sans royaume, un guerrier sans argent, un mari sans femme,* disait-il quelques jours avant la bataille d'Arques. Vous savez comment il a pourvu à toutes ces pénuries. Mais aussi, c'est comme il le disait à un officier de Mayenne fait prisonnier qui s'étonnait de son petit nombre de soldats, *c'est que vous ne les voyez pas tous, vous ne comptez pas Dieu et le bon droit qui m'assistent.* Et en effet, malgré toutes ses séductions et ses mérites, il n'a triomphé et sauvé le pays que parce qu'il était l'incarnation du bon droit, du droit national, et les portes de Paris s'ouvraient bientôt devant lui, au cri de : *Vive le Roi !* (Bravos.)

N'est-ce pas encore le même cri qui a sauvé la France en 1814 et en 1815. La France, longtemps victorieuse, gisait haletante aux pieds d'une coalition de peuples avides de représailles et prêts à la démembrer. Un vieillard arrive de l'exil, sans armes, affaibli et courbé sous le poids des ans et des infirmités. Il n'a avec lui ni Duguesclin, ni Jeanne d'Arc, ni Crillon, ni Sully. Mais il est le Roi de France, l'héritier de Louis XIV, le Roi des Rois. Lui seul a qualité pour tenir le

flambeau de l'humanité dont la France a
mission d'éclairer le monde, et l'épée de
Dieu, dont la France est le premier sol-
dat. Il se présente, et la patrie est sauvée,
ainsi que la liberté, aux cris mille fois répétés de : *Vive le Roi !* (Cris répétés de
Vive le Roi.)

Aussi, Messieurs, ce cri, puisse-t-il re-
tentir d'un bout de la France à l'autre,
et devenir encore le cri de ralliement et
de réconciliation de tous les Français.
C'est dans le malheur que l'affection des
enfants d'une même famille se retrempe,
que les souvenirs se réveillent, que les intérêts se rapprochent. On se reconnaît
pour frères et on se retrouve sur le sein
meurtri de la mère-patrie, dont la voix
gémissante appelle à elle tous ses enfants.
Eclairés par l'expérience et les résultats
funestes des aventures après la recher-
che d'une Constitution meilleure que
celle sous laquelle s'est formée, a
grandi et s'est épanouie la patrie, ren-
trons, une fois de plus, dans les voies
traditionnelles et nationales que nous ont
frayées nos pères. La Constitution d'un

peuple n'est pas un vêtement dont on puisse se défaire quand on le croit vieilli, il ne couvre pas le corps, il est le corps lui-même, et ils périssent ensemble.

Heureusement, le passé nous a appris où est le salut. Que nos divisions, nos préjugés, nos rivalités cèdent à notre patriotisme. Le Roi nous ouvre ses bras, il n'a pas de parti, pas d'injures à venger, mais, comme il le dit lui-même, la fortune de la France à refaire. Son drapeau est assez vaste pour abriter tous ses enfants, assez glorieux pour que chacun soit fier de le défendre. Allons ! que tous laissent vibrer leur âme de patriote dans ce cri national de : *Vive le Roi !*

L'heure est à Dieu, la parole est à la France, a dit le Roi.

Dieu marque assez par les châtiments qu'il nous inflige, que l'heure de la délivrance a sonné, c'est à la France à parler et à crier :

VIVE LE ROI !

(Cris enthousiastes et prolongés de Vive le Roi.)

DISCOURS

PRONONCÉ

Par M. Léon PROVIN

Messieurs,

Trois cris aujourd'hui retentissent en France :

Vive la République !

Vive la France !

Vive le Roi !

Je voudrais, en quelques mots, vous marquer les traits essentiels qui distinguent et caractérisent ces trois cris.

Vive la République, d'abord.

Vous savez assez qui sont ceux qui poussent ce cri aujourd'hui et ce qu'il signifie. Vous savez quelle confusion de principes et quel gâchis il rappelle à l'esprit.

Sans vous rappeler que la République a plus de têtes que l'hydre, sans m'appesantir sur les dissidences profondes, sur les antagonismes irréconciliables qui se cachent sous ce vocable unique, appelant seulement votre attention sur les faits et gestes de ceux des républicains qui détiennent le pouvoir aujourd'hui, c'est sans inquiétude que je vous demande si vous croyez pouvoir, dans l'intérêt de votre pays, acclamer ce régime.

Est-il nécessaire de vous rappeler comment nos gouvernants tiennent leurs promesses de liberté, comment ils respectent les consciences, avec quelle désinvolture ils gaspillent la fortune publique ? Vous savez comme moi quel respect ils professent pour la religion, à quel degré d'abaissement ils se proposent de réduire la magistrature. Vous n'ignorez pas qu'ils se flattent d'introduire la servitude jusqu'à notre foyer. Non contents de ne rien laisser debout au-dedans, ni institutions respectées, ni grands corps, ni grands caractères, non contents de nous faire jouer au dehors un rôle effacé et humiliant, ils voudraient abolir jusqu'aux grandeurs du passé. Ils voudraient des générations instruites à croire que la France date de 89, que Lakanal et Paul Bert sont de grands hommes.

Ah ! certes, on comprend leurs efforts. Ces hommes sont si petits, que le niveau d'aplatissement auquel nous sommes tombés ne suffit pas à les grandir. Ce n'est pas assez pour eux de poursuivre et d'abaisser toute supériorité contemporaine. Pour paraître quelque chose, il leur faudrait encore effacer le passé. Les grandes ombres de notre histoire suffisent à faire ressortir leur incurable nullité. Voilà pourquoi ils les poursuivent d'une si implacable haine.

Nous ne crierons donc pas : Vive la République !

Crierons-nous : Vive la France ?

Crier vive la France, messieurs, ce n'est pas assez. La France n'est pas complète et ne peut être sauvée sans le Roi.

Ceux qui poussent ce cri comme une protestation et une espérance, sont comme nous des hommes d'ordre, las comme nous des excès des républicains et non moins attachés au pays. Il n'est pas besoin de sortir de cette ville pour en rencontrer d'une valeur indiscutable, d'un dévouement incontesté, qui ont rendu et sont encore prêts à rendre de signalés services. Ces hommes ont droit à tous nos hommages et nous les leur adressons de grand cœur ; mais qu'ils nous permettent de le leur dire avec toute la déférence possible. En ne venant pas avec nous, ils font fausse route.

En voici la raison.

Comme le cri vive la République, le cri vive la France couvre des aspirations diverses, des conceptions variées, des moyens de salut à employer, des appréciations divergentes sur le choix des personnes chargées d'appliquer ces moyens de salut.

Toutes ces conceptions, tous ces prétendants, quels que puissent être leurs mérites divers, quelles que soient la loyauté et les aptitudes de leurs partisans, ont un vice radical qui les rend impuissants à opérer d'une manière stable et définitive la régénération du pays.

Ce vice radical, c'est le virus révolutionnaire. On combat mal la Révolution sous son propre drapeau.

J'entends par principe révolutionnaire le principe qui consiste à mettre l'autorité dans l'homme au lieu de la mettre en Dieu. Les républicains, poussant ce principe à l'extrême, veulent supprimer l'autorité de Dieu dans la société. Les prétendants dont il s'agit ne tombent pas dans cet excès, sans doute, mais ils écartent de leur origine l'autorité de Dieu, ils prétendent ne relever que des hommes et rendent ainsi leur autorité fatalement instable et précaire. Ils ne peuvent prendre que des mesures révolutionnaires.

Seul Monseigneur le comte de Chambord, renouant la tradition interrompue de la royauté et ramenant intact le principe d'autorité, peut procéder par voie de réformes.

Permettez-moi, Messieurs, pour vous rendre ma pensée plus sensible, une comparaison familière. La société est un arbre dont l'autorité est la racine. Mgr le comte de Chambord représente la racine. Tant que la racine subsiste, on peut émonder l'arbre sans danger et lui faire

porter des fruits savoureux. Les révolutionnaires modérés veulent transplanter
l'arbre sans sa racine. Les révolutionnaires plus ardents veulent le planter la
tête en bas.

Reste enfin le cri de Vive le Roi. Ce cri,
on nous reprochera de l'avoir proféré.
Ceux-ci essaieront de le couvrir de ridicule en écrivant le roy avec un y ; ceux-
là entasseront à ce propos, comme Ossa
sur Pélion, la Saint-Barthélemy sur l'In-
quisition, le Droit du Seigneur sur la
Dime, et le Vatican sur le Parc-aux-Cerfs,
et ils s'imagineront nous avoir confondus.

Les plus ardents nous traiteront de séditieux.

Ce cri de *Vive le Roi!* mérite-t-il, en
effet, d'être couvert de ridicule ou qualifié
de séditieux ?

Voilà ce qu'il importe d'examiner.

Et d'abord le cri de vive la République
n'emporte pas celui de vive la France.
C'est un républicain qui a déclaré que la
patrie disparaissait devant la République,
et un autre, que la conquête de la République valait bien la perte de deux provinces.

Crier vive la France avec les républicains, d'ailleurs, c'est acclamer une France incomplète, mutilée, dénuée de ses traditions, dépouillée des gloires les plus pures de son histoire, c'est saluer une France sans passé, et, grâce à leur ineptie, sans avenir.

Crier *vive le Roi*, au contraire, c'est crier deux fois vive la France. Pendant de longs siècles, ces deux cris n'ont jamais été séparés, ou plutôt ils se sont confondus en un seul. Saluer le Roi, c'est saluer la patrie reconstituée, la patrie couronnée des gloires du passé et rayonnante des promesses de l'avenir, c'est saluer la patrie vivante !

Voilà pour le ridicule !

Quant au reproche de sédition, si c'est être séditieux que vouloir le respect de la religion, le relèvement de l'armée, le respect de la propriété odieusement méconnu, le respect des droits de la famille, de la dignité et des franchises du foyer ; si c'est être séditieux que demander le maintien d'une magistrature honorée, la restitution de nos libertés odieusement confisquées, l'ordre et l'économie introduits dans les finances ; si c'est être séditieux que vouloir la France honorée dans le passé et grande dans l'avenir, forte au dedans et respectée au dehors ; si c'est être séditieux que vouloir tout cela, tant pis pour le régime qui se déclare incompatible avec de telles revendications, tant pis surtout pour les hommes qui les repoussent.

Osons à ce compte être des rebelles et crions tous ensemble :

VIVE LE ROI !

DISCOURS

PRONONCÉ

Par M. Henry GOULET

Messieurs,

C'est au milieu de la Champagne, pays laborieux par excellence, c'est à Reims, la ville industrielle et commerciale de la contrée, que je porte ce toast qui aura votre approbation :

« A la prospérité du travail national ! »

En faisant un tel vœu, nous sommes certains d'entrer dans l'esprit du Roi.

En France, tout le monde travaille, Messieurs, et chacun dans sa sphère doit en effet travailler, en vue d'améliorer et d'accroître la situation de sa famille. C'est là ce qui constitue la richesse et la puissance de la nation.

Oui, tout le monde travaille, excepté ces quelques fainéants, vrais artisans du désordre, qui se font entretenir par les ouvriers dupés, et que l'on croirait plutôt salariés par les concurrents étrangers, en vue d'empêcher la France de produire et de la supplanter partout.

Toutefois, il faut le dire, le bon-vouloir de la masse des travailleurs ne suffit pas à leur donner la sécurité nécessaire ; il faut que le gouvernement veuille et sache réserver à l'artisan la besogne et le salaire indispensables.

Est-ce ainsi que se font les choses sous le règne de nos tyrans républicains ?

Non, Messieurs, les lois et la façon dont elles sont interprétées ont pour résultat de priver le travailleur de sa liberté, et de livrer son travail aux étrangers, au lieu de le réserver aux Français.

Ne voyons-nous pas en effet le travail agricole sacrifié et livré sans réciprocité par le libre-échange à l'Amérique qui, elle, perçoit 25 p. 0/0 sur nos blés ?

Ne voyons-nous pas aussi notre travail manufacturier s'étioler et s'éteindre malgré une certaine protection légale ; et n'entendons-nous pas chaque jour les républicains, quoique tous libre-échangistes, déclarer que la seule cause de la détresse est la concurrence étrangère ?

A de pareils maux, quels sont les remèdes ? Le retour de la confiance et une saine protection du travail ; deux choses que la Royauté seule comporte et que la République ne peut engendrer.

Les études spéciales auxquelles s'est livré le comte de Chambord nous garantissent en outre qu'il saura donner aux questions d'économie politique et sociale, les solutions les meilleures à tous égards.

Qui de vous ne l'a remarqué, Messieurs : nous avons dans notre Champagne, et à Reims en particulier, des preuves nombreuses et vivantes comme quoi il n'est besoin ni de tout bouleverser, ni de faire de nous un peuple de paresseux ou de voleurs, pour que l'ouvrier sage puisse grandir et devenir à son tour contremaître, directeur ou patron.

Elevés *au travail*, dans le culte de

Dieu et le dévouement au Roi et à la patrie (ce qui ne fait qu'un), nos pères, en inculquant les mêmes principes à leurs enfants, ont vu leurs générations prospérer et grandir l'une après l'autre. Et pourtant la plupart de ces chefs de maison que l'on remarque aujourd'hui, ont débuté, soit eux-mémes, soit leur père ou leur grand-père, comme simples ouvriers truvaillant chez les autres.

La voie qu'ils ont suivie était donc la meilleure ?

Sous le gouvernement légitime, en effet, l'avancement et la réussite sont, dans toute carrière, pour les gens d'ordre et de travail devenus capables dans leur spécialité et restés fidèles aux bons principes.

Ce qui est vrai pour les particuliers, l'est également pour les Nations; nous en avons la triste preuve sous les yeux et à nos dépens.

Les Etats fidèles à Dieu et dévoués à leur Roi prospèrent et grandissent, tandis que les Etats infidèles dégénèrent et perdent toute valeur et toute influence, si même ils ne perdent pas en outre leur territoire.

Et cela s'explique, Messieurs. D'un côté l'on pousse les populations vers le travail et le respect de tout ce qui est sacré dans la Société ; on obtient en production le résultat de ce que l'on a semé : l'administré travaille et se dévoue.

D'un autre côté, au contraire, chez nous malheureusement, les républicains disent au peuple : méprisez Dieu, bafouez votre religion, mettez les choses le sens de dessus dessous ; travaillez peu ou point ; exigez de gros salaires pour un petit travail ; ne produisez pas, mais dépensez beaucoup... et vous serez heureux.

Et l'on récolte aussi ce que l'on a semé — le désordre et le néant — ce qui conduit les Nations à leur ruine, au grand profit des États sages et bien gouvernés.

Travaillons donc tous, Messieurs, il en est grand temps, à empêcher, à arrêter la démoralisation ; appelons de nos vœux la régénération sociale déjà retrouvée jadis dans la Royauté française.

Disons-le bien haut : notre but, c'est le bonheur de la Nation ; notre moyen, c'est LE ROI !

Et buvons tous, Messieurs,

« A la prospérité du travail ! »

« Au règne du Roi Henri ! »

VIVE LE ROI !!

DISCOURS

PRONONCÉ

Par M. A. BARBAT de BIGNICOURT

Messieurs,

Après les paroles si chaudes, si sensées, si énergiques que vous venez d'entendre, il ne saurait plus être question de discours. Le discours a été fait, admirablement fait. Laissons à notre président le très grand honneur d'avoir su aussi complètement résumer notre pensée à tous.

Mais, certains toasts peuvent et doivent se produire. Je vous demande la permission d'en porter un auquel, j'en suis sûr, vous vous associerez tous ; je bois :

Au relèvement de la France par la prochaine restauration monarchique !

Je dis prochaine, Messieurs, parce qu'en
dehors d'elle je ne vois rien de possible
aujourd'hui, — rien, si ce n'est le désordre gouvernemental, le chaos parle-
mentaire, la lutte de plus en plus accusée
des diverses classes de la société, et fina-
lement la ruine de notre pays... Or, la
France de Clovis, de saint Louis, de
Henri IV et de Louis XIV ne veut pas, ne
peut pas périr.

Je dis prochaine, parce que, seuls, aujourd'hui, en France, les royalistes luttent ;
parce que, seuls, ils ont une position nette,
accusée, avouée, et qu'après avoir assisté,
non sans tristesse, aux essais et aux déce-
vantes combinaisons de la République modérée, du septennat, de l'union conserva-
trice, ils voient le sol enfin déblayé, et
continuent la lutte sur le seul terrain qu'il
leur ait jamais plu de choisir — celui qui,
tôt ou tard, leur assurera la victoire — le
terrain du Roi opposé à celui de la Révolution !

Je dis prochaine, Messieurs, parce que
nous avons un admirable prince et que les
autres n'en ont pas ! M. le comte de Paris,
que je sache, n'a jamais retiré la parole

loyale qu'il est allé donner à Frosdhorff, en 1873, et les derniers et rares demeurants de l'orléanisme boudeur, qui ne se sont jamais rendu compte, hélas ! du mal qu'ils avaient fait à la France en 1830, ou ne sont plus rien en politique, ou s'agitent impuissants derrière les hommes de la République *aimable*, acculés comme eux dans l'impasse de la révolution pure ! Du côté de l'Empire, c'est plus triste encore, puisque là des individualités sans notoriété — hormis une ou deux exceptions peut-être, ne trouvent rien de mieux, pour relever sans doute le prestige napoléonien, que d'oj poser le fils au père et de se débattre — alors que tout le gros du parti vient chaque jour patriotiquement à nous, — dans des querelles sans dignité !

Je dis prochaine, Messieurs, parce que partout aujourd'hui, l'opinion se modifie, et que ceux-là même qui jugeaient le retour de la Monarchie impossible il y a peu d'années, ceux-là qui, sans le vouloir peut-être, furent nos plus rudes adversaires dans les luttes électorales, alors qu'ils s'en allaient répétant partout : « les royalistes n'cnt pas de chance ! » — parole terrible qui paralysa

souvent les meilleurs efforts, — parce que
ceux-là, dis-je, jadis indécis, indifférents,
timorés, imbus de préjugés, aujourd'hui dé-
couragés, effrayés, murmurent tout bas à
notre oreille, la parole qui fut si souvent
reprochée à l'allié de M. de Cavour : « Faites, mais faites vite ?... »

Je dis prochaine, Messieurs, parce que
dans le camp de la république prétendue
modérée, — où errent lamentablement,
comme les ombres dans l'enfer du Dante,
tant de nos concitoyens désabusés aujour-
d'hui de cette république à laquelle ils ne
s'étaient ralliés, disaient-ils, que par raison,
et aussi un peu par vanité ajoutons-le, — il
y a une lassitude, un dégoût, une fatigue, et
aussi une irritation qui passent en vérité
nos propres antipathies !..

Je dis prochaine, Messieurs, parce que
la question sociale se dressant implacable
devant nos gouvernants, — qui toujours
promirent plus aux foules qu'ils savaient ne
pouvoir leur donner, — il leur faudra, ou
bien faire entrer dans la pratique gouver-
nementale les plus ridicules utopies, ou
bien faire marcher les canons comme à la
Riccamarie...

Je dis prochaine, enfin, Messieurs, parce que le Roi — qui n'a jamais menti — disait, hier encore, aux délégués Vendéens : « Je suis prêt, entendez-le bien, à remplir, « quoi qu'il arrive et dans toute leur éten- « due, les devoirs que m'imposent ma nais- « sance et les malheurs de ma patrie... » Et la même grande voix royale ajoutait : « Ah ! mes amis, vous n'avez pas eu la pa- « tience d'attendre mon retour en France « pour venir saluer le roi !... »

Messieurs, ces paroles disent assez que nous n'attendrons plus longtemps mainte- nant la venue du principe sauveur. Comme le disait, à Challans, l'héroïque général de Charrette : « Le Roi vient ! » J'ajoute, moi : « La république s'en va !.. »

Messieurs, *au relèvement de la France par la prochaine restauration monarchique !..*

M. H. Paris, président, porte un toast à la Reine, qui est accueilli aux cris répétés de

VIVE LA REINE !

VIVE LE ROI !

M. le Président donne ensuite lecture de l'Adresse au Roi.

ADRESSE AU ROI

Les royalistes de Reims, au moment où, suivant les paroles du Roi, « les événements marchent vite, au moment où nous approchons de l'heure du salut, » tiennent à vous exprimer une fois de plus, Monseigneur, les vœux qu'ils forment pour votre prompt retour dans votre patrie.

Le rétablissement du Roi sur le trône peut seul rendre à la France la foi religieuse, sa

grandeur morale et politique et le rang
glorieux qu'elle a toujours occupé dans le
monde pendant le règne de vos illustres
ancêtres.

VIVE LE ROI

Imprimerie Coopérative de Reims, rue Pluche, 21 (N. Monce, dél.)

231

9 782012 487451